오늘 새 길

오늘 새 길   이든시인선 122

주은희 시집

이든북

| 추천의 글 |

생활 단면을 시적 언어로 압축한 시편들

장성우 시인

　주은희 시인은 『문학21』에서 1998년에 등단했고, 초등학교 교장으로 정년퇴임했으며 2022년 뒤늦게 주위 문인들의 권유로 문단활동을 다시 시작하여 첫시집 『남촌서 부는 바람』을 발간했는데, 나와는 목요문학회라는 문학단체에서 활동하고 있다.

　첫 번째 시집에 실린 시와 새로 출간하는 시에는 많은 차이를 보이고 있다. 어쩌면 이처럼 시가 새롭고도 정밀하게 달라질 수 있을까 하는 것이다. 역시 오랜 교사생활과 목회자 사모로서 깊은 고뇌와 사색이 좋은 시를 만들어 내지 않았는가 생각한다.

　스승인 조남익 시인은 주 시인에 대하여 "교내 백일장을 실시했을 때 중등부 장원에 뽑힌 주은희의 시는 지적인 구성력이 돋보여 주은희를 '시천재'라고 불렀다."고 했다. 그 말대로 시 쓰는 능력과 창의력이 놀랍다. 시인은 마음을 열고 감정과 생각을 시로 표현하는 특별한 능력을 가졌다.

두 번째 시집 제목은 『오늘 새 길』인데 제목부터가 신선하고 새로운 감성을 일으킨다. 이 정도의 시적능력이라면 매년 출판하기로 결심한 시집에 대한 기대가 크다.

주 시인은 음악에 조예가 깊고 전공했기 때문에 시에서도 음악적인 용어를 사용하여 새로운 감성을 일으킨다. 평생을 교단에서, 교회에서는 성가대장으로 음악적 자질을 발휘하면서 시인으로서 음악적인 감성이 풍부하다.

그는 시인이자 특별한 사명을 받은 사역자이다. 한때는 목회자의 사모로서 사명을 다하고자 교사직을 내려놓기도 했다. 본인이 신학을 공부하고 목사안수도 받았다. 이제 그는 시를 통해 본인의 영혼을 투명하게 들여다 보고 자신의 영혼을 깊이 통찰하는 감동적인 작품을 보여주고 있다.

시창작에 힘을 쏟는 주은희 시인의 앞길에 하나님의 가호와 은총이 넘쳐서 매년 놀라운 시를 창작하고 여생동안 훌륭하고 뛰어난 문인으로 성장하기를 바란다.

| 차례 |

추천의 글 | 장성우 시인 ………… 4

1부

라르고 Largo

길 I	…………	13
저만치 가을이	…………	14
소백산	…………	16
라르고	…………	17
화살나무	…………	18
애기똥풀	…………	19
친구라고 부르겠어	…………	20
망초꽃	…………	22
붉은 장미	…………	24
백목련	…………	26
스승의 날	…………	28
두 발	…………	29
사랑니	…………	30
지금처럼	…………	31

2부

안단테 Andante

위로	…………	35
장마	…………	36
길 II	…………	38
그대인가 봐	…………	40
한밭수목원 장미원	…………	41
금의환향	…………	42
오직 향기뿐	…………	44
쏟아지는 음표들	…………	46
나비	…………	48
오늘 새 길	…………	49
규칙	…………	50
행복	…………	52
산 사나이	…………	54
백두대간	…………	56
강화도 마니산	…………	58

3부

모데라토 Moderato

가득한 별	…………	63
주선생 딸	…………	64
배롱나무	…………	65
어머니 마음	…………	66
더 장하시다	…………	67
엄마	…………	68
부채바람	…………	70
선생 엄마	…………	72
하늘을 난다	…………	74
생일	…………	75
호캉스	…………	76
웃음꽃 뿌리고	…………	78
어찌 알았을까?	…………	79
구절초	…………	80

4부

알레그로 Allegro

끄덕끄덕	83
나의 천사	84
순수	85
제설차 놀이	86
1학년 1반	88
예나꽃	89
행복한 여덟 달	90
17개월 예온이	91
가르친 적 없는데	92
감사합니다	94
잉잉잉	96
내 친구 미호	97
미호는 열두 살	98

5부

비바체 Vivace

내 마음	101
멈출 수 없다	102
일흔에 받은 선물	103
비바체	104
꽃으로 살다	105
고맙습니다	106
세종의 전설	107
애썼어 너	108
대청봉	110
어린아기	112
자존심	113
목걸이	114
보문산 시비	116
한밭수목원 전망대에서	118

해설 | 도한호 시인 ⋯⋯⋯⋯⋯⋯ 119
    긍정의 힘으로 세운 아름다운 시 세계

1부

라르고

길 I

머리에는 남편을 이고
큰 딸 작은 딸 두 어깨에 메고
좁은 등엔 내 반 아이들 지고
가슴엔 내 어머니 담고
맨발로 휘청이며 걸어온 길

지치지도 않았다
겁나지도 않았다
두려울 사이가 없었다
그저
이겨내며 걸었다

이젠
이지도 메지도 않고
진 것도 없는데
넓은 길
홀가분하게 걷는데…

왜 허둥대나?
왜 허우적대나?

저만치 가을이

밟히는 나뭇잎도
노래하는 여름이 있었을까?
한여름 노래 들었을까?

아직 한낮에만 따갑게 남아
머뭇머뭇
주춤주춤
떠나는 바람을 따라가지 않는다

문득
여름 발자국소리
뒤돌아보면
지나는 바람인가
돌부리에 걸친 나뭇잎 노래인가
떠나지 못하는 여름

남은 여름
꼬리 늘어뜨리고
앙탈도 부리지만

눈치는 빨라
주섬주섬
접는 여름
가을은
저만치.

소백산

타박타박
천동삼거리 타박거리다
등 땀나 고개 들면
저만치 보이는 국망봉 능선
올라 보면 숨 가쁜
험준한 위용

새댁 치마색 철쭉 반기는
연화봉 지나
아득했던 비로봉에 땀 쏟아 묻고
깔딱고개 내리막
조심조심 큰 숨 쉬면
세찬 희방폭포 냉기로 쏟다

운해 둘러싼 소백산 등허리
은근한 미소
과묵한 사내
바위 없는 토산
내가 좋아하는 사내
소백산.

라르고

그렇게 빠른 길
달리고
헉헉
숨차게 뛰어
그러고도 더 빨리 가려고
지름길을 찾아
바람까지 불러 업혀 날아
찾아다녔다
두드렸다

하늘 맑고 높구나
돌 틈 사이 여린 풀도 사랑스러워
사알짝 스쳐가는 수줍은 바람
다정도 해라
머리 어깨 무릎 발
이불 같은 햇살
이제야 보고
지금사 고마운
라르고 인생.

* 라르고[Largo] : 아주 느리게 연주하라는 음악용어

화살나무

얼마나 부끄러워
그리 붉으냐
낯 뜨거운 세상
부끄럼 모르는 이보다 솔직하구나

감출 수 없어 붉어진
너의 순수
아름답구나

허울 좋은 거짓에다
마스크로 덮은 진실
익숙해진 차단
벌써 오랜데

가을이라고 철든 너
화살나무
찬바람 속 더욱 붉어
아름답구나.

애기똥풀

노란 웃음
노란 울음
하얀 젖 먹고도
꽃피어도
꽃 노랑노랑
꺾어도
피 노랑노랑
애기똥풀
나

엄마 손
안고 쓰다듬어
닳도록 크는 꽃
커도
커도
일흔 고개 넘이도
그 이름
애기똥풀
나

친구라고 부르겠어

힐끗거리며 내 발 맞추던 장끼
푸드덕 못 믿고 날아올라
건너편 솔가지로 피하곤
원망스레 나를 바라보아도
널
나는
친구라고 부르겠어

꽃 피워 향 보낼 준비에 바쁜
아카시아 동글 납작 잎사귀들
나란히 줄 서서 꽃 기다리는 너
하얀 꽃 아직 피우지 않았어도
널
나는
친구라고 부르겠어

쏠쏠미도새 라고 이름 붙여준
그는 떠났어도
오늘도 날 따라와
쏠쏠미도 노래하는

널
나는
친구라고 부르겠어.

망초꽃

난 붉지도 않아
곱지도 않아
크지도 않아
절로
작고
하얀 웃음뿐

일렁이며 다가오는 바람에게
높이 우짖는 새들에게
뜨겁고 따가운 여름 햇살에게
그저
작고
하얀 웃음뿐

난
눈에 띄지도 않아
귀하지도 않아
아무도 이쁘다 봐주지도 않아
그냥
작고

하얀 웃음뿐.

붉은 장미

철 지나 싸늘한 바람 불어
잎도 쪼그리고 겨울 준비 하는데
붉은 장미 한 송이
봉긋

때가 아니야
네가 설 자리가 아니야
분수도 모르네
세상 물정 모르는군
피워봤자 곧 시들어요

하늘도
바람도
모두 말려도
붉은 장미 한 송이
눈 속에서
활짝

장하다
장하다

장하다.

* 늦었다고 주변에서 말리던 승진의 깃발을 꽂은 날

백목련

갑사치마인가
얼비치는게
깨끼 바느질
시접도 고와라

겨울 밟고 날아온
흰 봄치마
태평무로 모두
한 곳을 바라보는
조화로운 군무

하얗게
정갈한 평안 품고
사뿐 디딘 버선발
뾰족한 콧날

덩더쿵
쿵 더러러러
자진모리
한껏 추임새로

화사한 몸짓
백목련의 태평무.

스승의 날

중학생들
열댓살도 못 먹은
새파란 청춘
선생님은 청년

교정 오가며 흘린 이야기
교실에서 떠들며 남긴 추억들
모두
박제인형이다

웃음 속에
이야기 속에
페이지 넘기다보니
그게
57년 전
흰 머리 중학생 노인들이
더 노인 되신 스승님과
자꾸 책장을 넘긴다
앞으로 넘기고
다시 뒤로 넘기고.

두 발

수영장 가다가
하얀 털복숭이 강아지
아이 이뻐
바라보다 그만
삐끗
패인 길에 한 발이 빠졌다

퉁퉁
부어올라 사진 찍으니
골절

깁스 4주하니
남은 발까지 비척비척
성한 발목이 더 아프다

징답게
두 발이
같이 아프다.

사랑니

흔들려 빼야 된대
애들아
넷이 사이좋게 여태 살았는데
글쎄 이별이라니 어쩌지?

어렸을 적 이 갈을 때 외엔
아직 이를 빼본 적 없는데
이젠
사랑니도 이별해야 해?

하나씩 하나씩
이별해야 하나봐
아직은 헤어지기 싫은데
서럽다
사랑하는 것들과
사랑하는 이들과.

지금처럼

플라타나스 넓은 잎
수런수런
이렇게
내둘러 찬바람 불면
우리 헤어져야 해
앞으로만 가는거야
되돌아 다시 갈 순 없지

이제 곧
초록빛까지 앗아가면
쪼그려 누런 옷 입고 떠나야 해
웃고 떠날 준비를 하자
뒤돌아 보지 않을 준비를 하자
슬퍼하지 마
우리 가는 길
가던대로 지금처럼 가는 거야
당당하게.

2부

안단테

Andante

위로

내 키를 넘는 갈대숲
내 발따라 같이 걸으며
나 대신 울어주었다
가느다란 몸 흔들며
같이 울어주었다

바람도
내 등을 다독이며
눈물을 닦아주었다
무심히 출렁이는 금강도
말없이 내 눈물을 담아주었다

혼자가 아니었다
함께 울어주었다
하늘 속 재구름도 내려와
끄덕끄덕
눈물 글썽여주었다.

장마

울지마요 그대
생각보다 나는 잘 지내요
사소한 일상에서도
가끔 그대 떠오를 때면
눈물이 장맛비처럼 쏟아지지만
그래도 그대
난 잘 지내요

성가대 찬양할 때나
예나 예온이 재롱으로 행복할 때
내 뜻과 달리
왈칵 눈물 흐르지만
내 걱정하는 자상한 그대
왜 장맛비처럼 우나요?

그대와 살 때와
달라진 것 없이
난 잘 살아요
울지 마요 그대
나 때문에 울지 마요

창문 두드리며 울지 말아요.

길 II

동행도 없이 가는 길
외롭진 않았나요?
홀로
모르는 길
가보지 못한 길
낯설진 않았나요?

백두대간을
봄 여름 가을 겨울
사철 내내
20Kg 배낭 메고
단독종주는 했지만

그 길
지도도 없이
나침반도 없이
갈 만하던가요?

속 터놓을 반반한 친구도 없이
영원한 친구라 서로 부른

각시 하나
그마저도 남겨두고

쌈닭 성질 가지고
싸울 닭도 없이
먼 길
걸을 만하던가요?

그대인가 봐

그대인가 봐 저 소리
사그작 사그작
바람 속 함박눈 창 두드리네

그대인가 봐 저 소리
휘리리릭 휘리리릭
달도 없는 길 달려오네

그대인가 봐 저 소리
사르륵 사르륵
창 틈에서 소리 없이 흐느끼네

그대인가 봐 저 소리
두두두 두두두
얼음 하얀 눈가루로 얼어붙네.

한밭수목원 장미원

이 깊은 가을
떠나지 못한
가을장미

그대
이룰 꿈 아직 남아
향으로 말하네

가득했던 5월
향에 취해 하늘을 보지 못했지
가장 아름다운 모습으로
가장 아름답게 뽐내며
하늘을 가린 미모

어디 갔니?
모두 순례길 떠났니?
그렇게 가는 건데

그걸 모른다
그땐 모른다.

금의환향

백두대간 단독종주
구간 구간
얼음 찍고 오르고
폭설로 사라진 길
나침반으로 러쎌
비바람 속 텐트 붙잡고
잠못드는 밤
견디다 못해 마을로 퇴각하고
새벽녘 다시 올라 전진했다며
개선장군으로 돌아오는 저녁
금의환향
의기양양

오늘은 어쩐 일로
무거운 얼굴
눈 밑 커다란 상처 안고
왼쪽 눈이 감길 만큼 광대뼈 불쑥
입 다물고 들어오는 패잔병
애꿎은 비브람창 소용없다며
밤새우던 등산보고도 없이

풀죽은 병사
안아 위로하며
그래도 내겐 금의환향

오직 향기뿐

화도 냈지만
그래도
내겐 웃어주고
시무룩도 했지만
그래도
내겐 미소를 준 그대
말없이 토라진 듯했지만
그래도
다시 마주하며 손잡는 그대
그대의 앞모습
오직 아름다움뿐
오직 향기뿐

걷기 힘든 산을
자전거로 오르내리고
자정 넘겨
부르짖어 철야기도 하던 그대
사십일 밤낮으로 금식기도 하며
내 몸을 쳐 복종코자 하던
그대

그대의 뒷모습
오직 아름다움뿐
오직 향기뿐.

쏟아지는 음표들

벽 한쪽 가득 5층으로
레코드판
클래식부터 째즈
포크송부터 팝송
찬송가부터 성가합창
가요와 흘러간 노래
……

모차르트 피아노 협주곡 21번
엘비라 마디간
늦기 전에
눈이 내리네
내가 좋아한다고
자주 돌리고
나 그대에게 모두 드리리 부르며
70년대 이장희처럼 일편단심이던

방 안 가득
쏟아져 날아다니는 음표들과
우울하게도

경쾌하게도
신나게도
때론 하모니카 불면 나는 플룻으로
따라 부르며
안고 춤추던

흔적
내 가슴에.

나비

나비가 온다
흰나비 둘이 온다
팔랑거리는 게 소식을 담았나
사르르 숲골에서 바람불 때에도 없던 너
잎사귀 비눈물 맺힐 때에도 없던 너
솔내 풋내 흙내 가득한 생태습지원
쑤욱 붓대 올린 붓꽃 사이에도 없던 너

작디 작은 망초꽃
흰무리 위 팔랑거리는 건
그대 소식을 담은 게 분명하다
흰망초 된 내 곁을
저리 팔랑거리며 맴도는 건
......

오늘 새 길

금빛 해 떠오르기 전
길은 이미 있다
손 잡고 가다가
당당히 휘저어 가다
당연하다 하며 가다
문득
가슴으로 걷는
오늘 새 길

매일 새롭게 왔거늘
감동 없이 맞은 오만
어린이에게 겸손을
아기에게 순종을
양 손 가득 받아 들고
문득
영혼으로 걷는
오늘 새 길

규칙

왼 볼 뽀
오른 볼 뽀
입술에 뽀
팔 벌려 꼬옥 안아주기
밖에 나갈 때 현관 규칙

집에 돌아올 때도 또 같은 규칙
왼 볼 뽀
오른 볼 뽀
입술에 뽀
팔 벌려 꼬옥 안아주기

우리 가족 네 식구가
꼭 지키는 규칙
깜빡 잊고 놓고 가는 물건 있어 들어와도
올 때도
다시 나갈 때도
똑 같은 규칙

매일 사랑으로 가득한

우리 집 규칙

<u>뽀뽀뽀.</u>

행복

자전거 달리다
쉬는 시간
네 잎 클로버 잘 찾는
아내 위해
토끼풀 엉켜 뻗은 곳
찾아 쉰다

헐떡이는 숨으로 뒤지는 풀숲
세 갈래 잎들로 무성해도
숨 고르기 전
벌써 찾은 네 잎 클로버

요리조리 자리 옮겨
보고 또 보며
땀 식어 서늘해지도록
미소만 주며 기다려주는 이

다시
자전거 탈 때까지
서두른 적 없어

미소로만 바라보며
기다려주는 이.

산 사나이

산이 좋아
설악산이 좋아
오르고 또 오르는 남자

전번엔 화채능선
이번엔 공룡능선
다음엔 용아장성
......

배낭 챙길 때
이미 숨이 가쁘고
목도 마른 남자
배도 고파 엎드려 육포 씹으며
나침반 놓고 지도 보고
지도 보고 나침반 놓고

새로 산 장비
요리 만지고
조리 만지며
좋아서 나오는 콧노래

신나서 부는 휘파람
떠나기도 전에
먼저 신나.

백두대간

일기예보
눈이 온다 얼음 언다 하면
가슴 설레는 남자

강원도 쪽
폭설주의보라 하면
백두대간 지도를 들고 오는 남자

나침반 꺼내어
지도 위에 놓고
두어 시간 엎드려 들여다 보는 남자

길을 가고 물 마시며
텐트 치고 비상식 먹고
러쎌할 곳 어딜지 더듬는 남자

첫날부터 오는 날까지 의식주 따져
조물조물 꼬무락꼬무락
저울에 무게 달며 짐 꾸리는 남자

백두대간 단독종주
구간 따라 아내에게 브리핑
이미 떠난 이처럼 즐거운 남자.

강화도 마니산

흩뿌리는 비
좋아지겠지
희망사항은 배낭에 넣고
<u>오르고</u>
또 오른다

걷고
또 걷는다
모처럼 남편 없이
낯선 이들 따라가는 마니산

갑자기 아무도 없다
앞에도 뒤에도 없다
나 혼자다
소나기가 쏟아진다
하도 많이 내려 앞이 안 보인다
아무도 없다
길도 없다
앗
어디로 가야지?

덜컥 두려워 겁나

두런두런 수런수런
소리 따라 만난 일행
휴!
비로 젖은 등산화
길 잃어 젖은 내 마음
당신 없인 먼 산엔 오지 않으리.

3부

모데라토

가득한 별

귀뚜라미
가을 노래 부르면
밤이슬 어찌 알고
살며시 내려와
어린 풀 숲
작은 잎새에서 같이 운다

까만 하늘
가득한 별
은하수로 합창하면
쏟아져 흐르는 정
내 품 가득 따숩다

별빛 따라 오신 어머니
그리움 신발 신고
달려나가 맞아 끌어안고
밤이슬 맺힌 앞머리
쓸어드리리.

주선생 딸

안녕하세요?
응, 주선생 딸이구나
인사성도 밝지
칭찬하시던 이웃
보이지 않고

이젠
주선생이 된
주선생 딸
70 고개 넘어가는데도
아직도 고향 가면
주선생 아닌
주선생 딸

배롱나무

분홍빛 송알송알
여름 내내 백일동안
꽃 맺히는 배롱나무
사랑채랑 이어진 반짝이던 긴 마루
먼지 하나 없던 남촌에는
정년단축 조기 퇴직으로 울화 찬 아버지
마루 밑 강아지까지 미우셨던
남촌의 그 아버지
하늘에서도 근엄하실까?

송알송알 배롱나무
아침마다 그윽히 바라보시던 아버지
이제라도 부를 수 있을까?
아버지
아버지
백일홍 이쁘네요……
아련한 그리움만 차는 내 가슴
아직도 말 못 해
아버지.

어머니 마음

나도 달린다
어머니처럼
나도 어머니처럼 마음이 앞서
아기 우는 소리
쟁쟁
다리보다 먼저가는 머리
발이 따라 잡지 못하는 마음

품에 안으면
어머니가 안으신 내 딸 같아
어머니 마음에
글썽

내 어머니 키워주신 두 딸
그 마음으로 달리는 나
어머니 생각 눈물이 가려
앞이 안 보여도
다리보다 먼저 가는 마음
발이 따라잡지 못하는 마음
내 어머니 마음.

더 장하시다

탈 수 있어요?
태워만 주슈
어디든 갈 수 있슈
여든 넘으신 내 어머니
케냐 선교사 아들네 가실 때
걱정스런 공항 직원보다
씩씩하셔라
확신 있는 어머니 대답
직원보다 더 장하시다

이거 이렇게 노라니깐
이게 뭐여?
아이고
현지 도우미 케냐 소녀
못 알아들어도
우리말로 혼내기며
일 시키시는 내 어머니
선교사 오빠보디 장하시다.

엄마

비녀 꽂은 쪽진 머리
울 엄마만 할머니
그래도 내 눈엔
내 엄마만 보이는
여고시절 어버이날 큰잔치

부모님께 쓴 편지
장원으로 뽑혀
단 위 올라 낭독하면
기뻐하며 눈물 훔치신
할머니 울 엄마

솔내 가득한 교정에서
찍은 사진 속
하얀 한복 쪽지고 웃는
할머니 울 엄마

평생 나의 힘이 되신
귀한 울 엄마
지금도 여전히 내 곁에서

나의 힘이 되시는
할머니 울 엄마.

부채바람

실눈 감았다 떴다
잠들던 유년
사르르
볼 스치는 바람
나는 알지
울 엄마 부채바람

언니 오빠
바위고개 합창소리
별동네까지 닿아도
사르르
등 스치는 바람
나는 알지
울 엄마 부채바람

모기 알러지 심한 막내딸
멍석 위 누운 여섯 자식 중
아픈 새끼손가락
사르르
발 스치는 바람

나는 알지
울 엄마 부채바람.

선생 엄마

마음으론 한 없는 사랑
넘치게 넘치게 쏟아 부었건만
눈을 크게 뜨고
혼냈다고만 한다

우는 애 떼어놓고 출근해서
홀로 교실에서 젖 짜내며
귀에 쟁쟁 울음에 나도 울었건만
회초리 든 것만 기억한다

없는 돈 모아 이쁜 옷 골라 입혀
앞으로 보고 뒤로 보며
이쁘다 이쁘다 흐뭇했건만
안 사준 것만 서운하단다

약속 잘 지켜 할머니 말씀 잘 들어
동그라미 많아진 생활계획표
칭찬하며 달마다 선물도 줬건만
신데렐라 같은 친구가 부러웠단다

앞만 보고 달려온 워킹맘 길
밤에도 불 켜진 우수교사 교실
소풍, 운동회 때 따라온 친구엄마가
선생엄마보다 부러웠단다.

하늘을 난다

내 나이 환갑에 시집가는 딸
저 높은 하늘이 다 들어와
터질 듯한 내 가슴
함박눈처럼 쏟아지는 기쁨에
눈이 부시다

딸 낳은 날만큼
내 것이 된 세상
춤추고 싶다
자랑하고 싶다
환호하며 소리치고 싶다

남의 딸 시집갈 땐
내 설움에 눈물나더니만
내 딸 시집갈 땐
하객들 위에서
나비 되어
훨훨훨
하늘을 난다.

생일

눈물 속 기도 엊그젠데
43살
깜짝 귀여움 어른거리는데
뭉텅 흘러간 세월
라일락 향기 취해
꽃잎같이 크더니
어느새 아내, 엄마 되고
번득이는 지혜의 샘 퍼올려
인생 퍼즐 잘 맞추는 43살 막내딸

내 나이 잊고 살다
딸 나이에 놀라네
보호자가 나였는데
딸이 내 보호자.

호캉스

청록빛 맑은 물
물고기 되어
레인따라 오락가락
노는 수영장
한껏 웃음 물고 잠수도 한다

눈이 오네
녹으러 오네
머리 위로 사뿐히
호텔 속 나만의 노천 온탕
독탕 벗은 나를 엿보며 내리는 눈

못 본 음식 그득한 뷔페
내 밥 열 곱 되는 쌓인 음식
맛보아도
먹어도
줄지 않는

나긋나긋
부드러운 고급스런 마사지

쌓인 피로 씻어주고
혈행 활발하여
잠자던 피가 도네

애프터눈티 셋트
녹여주는 내 마음
딸과 부딪는 마음
호강하는 호캉스.

웃음꽃 뿌리고

쏨이 갔다
바람처럼 왔다가
웃음꽃 가득 뿌리고

올 때마다
미호랑
웃음씨앗 한 가방

요나의 박넝쿨처럼
금방
무성해지는 잎

아론의 싹난 지팡이처럼
급히 꽃도 피고 열매 맺어
오래오래 궤 속에 담고 싶은 꽃

쏨이 갔다
바람처럼 왔다가
웃음꽃만 가득 뿌리고.

어찌 알았을까?

스테이크 생각하는데 레스토랑 가자 한다
오리고기 먹고싶다 하면 오리고기
팥죽 떠오르면 팥죽집
콩국수 국물 마시고 싶을 땐 콩국수집
커피향 그리운데 스벅가자 한다
포근포근 빵 생각하면 카스테라
얼큰시원국물 떠오를 땐 막국수집
회 생각날 땐 스시집으로
뜨건 국물 그리울 땐 추어탕집
격식 차린 거 먹고 싶을 땐 애프터눈티 셋트
수영하고 싶을 땐 호텔수영장
윈도우쇼핑하다 최고급 정장 사주고
기차여행 하면 부산호텔로
비싼 옷 비싼 화장품 선뜻 사주고
칠순엔 비싼 고급차까지
내 속마음 어찌 알고
말도 하지 않는데 통하는 걸까?
두 딸
내 속으로 낳았다고
말 안 해도 다 아나?

구절초

비 그쳐 물 고인 곳 골라
찰방거리는 손녀처럼
일찍 떨어져 보도블록 사이
몰려 있는 가랑잎
사그락 사그락 밟아본다.

가을인 줄 어떻게 알고
담쟁이 덩굴 끝 붉어가는데
아직 따순 볕 그늘에
몰래 핀 하얀 구절초
가을 타니?
내게 묻네

아기 되고 있어
아기 되어 본향을 그린단다
먼저 가신 부모형제들 모인
어릴 적 놀던 내 본향
꿈꾸면 가는
본향을 그린단다.

4부

알레그로

끄덕끄덕

할머니는 어떻게 할머니가 됐어?
응, 그래
나도 예나처럼
어리고 이쁜 딸이었거든
그런데
예나처럼 학교 다니고
또 학교 다니고
일하고
결혼하고
돈벌고
엄마가 되고
딸을 낳고
하니
할머니가 되었단다

끄덕끄덕
……

나도 할머니가 될 줄 몰랐어 예나야

끄덕끄덕
……

나의 천사

꽉 막혀 답답할 땐
예나야
안아 본다

슬퍼서 갑자기
목이 메일 땐
예나야
안아 본다

되돌릴 수 없는
괴로움 앞에서도
예나야
안아 본다

예나야
예나야
나의 웃음
나의 천사
천사 예나.

순수

한참 오염된 나에게
얼음냉수 같은 순수로 다가오는 예나
투명한 맑음에 눈이 부시다

내 품을 파고들던 두 딸
나의 힘 나의 소망
나의 순수였지

때묻은 나를 정화시키던
나의 두 딸

이제는 손녀 예나 순수로
나는 또 다시 씻는다.

제설차 놀이

눈이 온다
무지개색 눈이 온다
펑펑펑
예나가 온 날만 골라서 온다
사방으로 흩어지며 날리는
색종이 눈

휘리릭 날리면
온 천지로 퍼지고
하늘보고 누워 휘저으면
달팽이를 그리며 온다
할머니 집에만 오는 눈
예나만 오면 내리는 눈

예나 가고 나면
무지갯빛 눈 속엔
까르르 웃음 가득
할머니! 할머니!
예나 목소리 웃음소리에
눈 못 치우는

제설차 할머니
하루 이틀 지나도 눈 못 치우는
제설차 할머니.

1학년 1반

가방엔 기대 가득
가슴엔 설렘 가득
새로워서 웃다가
낯설어 겁도 나네
꽃샘추위 솜털 돋아도
예쁘게 단장한 날
어린이집 유치원 거쳐
키도 크고 맘도 커져
새 친구들 바라보다
새 선생님 바라보고
크고 넓은 운동장
이리 뛰고 저리 뛰며
마냥 좋은 입학식
신나고
기대되고
겁나고
두려운
1학년 1반 한예나.

예나꽃

매화가 핍니다
산수유가 노랗습니다
아직 추운데도 봄이 왔나봅니다
성냥불 번지듯
매화 산수유가 피어납니다

소망이 송글송글 핍니다
새 학년 새 교실
1학년 새 친구들도 몽글몽글 핍니다
운동장 가득 울긋불긋 핍니다

엄마 아빠 손 놓고
새 선생님 앞에
줄지어 선 친구들
예나 가슴도 콩당콩당 뜁니다

새 봄 학교
새 친구들 속에
화안한 얼굴 예나가 웃습니다
수줍고 낯설지만 예나꽃이 핍니다
까르르 운동장 가득 핍니다.

행복한 여덟 달

리모콘을 주무르다 입으로 빨고
공던지듯 내팽개치자
갑자기 켜지는 텔레비전 화면
놀라 바라본다
관심 없이 털썩 주저앉다
입에 문 쪽쪽이 쑥 빠지니
얼른 집어물고 다시 노네
노래소리 나오는 장난감 집어들고
온 몸을 들썩들썩 장단 맞추다
소파 붙들고 일어서 도리도리 하며
웅웅 같이 노래 부르네
행복한 여덟달 예온.

17개월 예온이

바라만 보던 누나 침대
이층에 앉아 있는 누나
아! 부럽다
나도 올라가고 싶다
정말정말
올라가 보고 싶다
떼도 써보고
뒹굴어 울어도 본다

번쩍
드디어 엄마가 올려주었다
갑자기 얼음
꼼짝 않고
웃지도 않고
앉은 채 눈동자까지 얼음
신기해
놀라워
무서워
그런데 너무 좋아서 얼음.

가르친 적 없는데

아빠가 안으면
목에 바짝 어깨에 찰싹
세상 다 가진 흐뭇한 얼굴

놀다가도 갑자기
얼굴 빨개지게 힘주며
끄으응 똥을 싸고

현관 번호키 띠띠하면
어어어 소리치며 부랴부랴
할머니 왔다고 기어나온다

화장실서 씻는 누나
보이지 않아도
어어 큰 소리로 누나 부르고

재미있게 장난감 만지다가도
엄마 생각이 나면
갑자기 뒤도 안 보고 기어서 질주

엄마 아빠 누나까지 외출한 걸
온 집안 찾다가 알아채고는
할머니라도 잡아야하니 딱 붙는다.

감사합니다

주신 복도 많은데
다 키운 아들까지 주셨네
세상에 하나 뿐인 귀한 내 아들
아들 같은 사위
사위지만 내 아들
성실하고 항상 웃고
심성까지 남달라 곱기도 하지
주님은 어찌 이리 잘 골라 주셨나
자다가도 벌떡 일어나
감사합니다
귀한 내 아들
주님 감사합니다
주님 감사합니다

늦은 결혼에 이쁜 손녀
하나만도 감사한데
뜻밖에도 손주까지 안겨 주셨네
바라보아도 이쁘고
웃으면 더 이쁘고
똥싸도 쉬해도 마냥 이뻐라

자다가도 벌떡 일어나
감사합니다
귀한 내 손녀 손자
주님 감사합니다
주님 감사합니다.

잉잉잉

서랍 뒤져 양말 꺼내와 털썩 앉아
발에 대고 흔드는 예온이
어서 양말 신기라고 잉잉잉

현관 가서 신발 양손에 들고
발에 대고 흔들며
어서 신발 신기라고 잉잉잉

떼쓰기 통과 되어 문 열리면
손도 안 잡고 엘리베이터 타고
빗길이 뭔지도 모르면서 톡톡 걷네

유모차 아기 만나면 친구라고 웃고
뽈뽈뽈 강아지 만나도 친구라고 웃네
한 바퀴도 다 못 걷고 안으라고 잉잉잉

내 친구 미호

슬퍼서 눈물 흘리면
바라봐 눈 마주쳐 위로해 주지

퇴근해 지쳐 쓰러지면
살며시 등 따숩게 대어 눕지

억울하고 속상해서 이 말 저 말 다 해도
언제나 비밀을 꼬옥 지켜 주지

하루 종일 혼자 지내도 똥상 받고 싶어
꼭 퇴근한 후에야 똥을 싸지.

미호는 열두 살

뿔뿔뿔 주둥이 끌고 앞장서다
쿵쿵 멈칫
발 맞추며 기다리면
느리적느리적
빙빙 두어바퀴 돌곤
찍 쉬도장 찍는다

뿔뿔뿔 횡단보도 내 발 맞춰 건너다
냅다 함께 뛰며 날아간다
참새 방앗간 쥬스집 오면
제 집처럼 출입문에 코를 대곤
열리면 쏜살같이 주방 향해 들어가는
열두 살 강아지 미호.

5부

비바체

내 마음

내 마음
눈물로 얼룩져
행여 당신 찾아와
찾다 못 찾을까봐
오늘도 다시 닦습니다
깨끗이 투명하게 닦습니다
없는 것 같이
속이 훤히 보이게 닦습니다

그대
두드리면
얼른 열 수 있게
잠그지도 않고
얼룩없이 정성껏 닦습니다

멈출 수 없다

새벽 4시 알람 없어도
달려가는 새벽기도
멈출 수 없다

버벅대는 영어회화
1시간씩 매일 듣다 17년 되어도
멈출 수 없다

합창연습 플루트연주 수영 댄스
매일 해도 안 늘어도
멈출 수 없다

성경통독 49독해도
볼수록 읽을수록 달디단 말씀
멈출 수 없다

마음 속 샘물에서 건지는 시
긴 시간 기다려준 나의 시
멈출 수 없다.

일흔에 받은 선물

일혼 되니
선물도 왜 이리 많아
평생 아파본 적 없는 허리
귀한 손자 안고 보니
다리까지 시네
이 사이가 벌어지고 잇몸도 아프고
머리칼 가늘어지고 숱도 주네
수영레슨 끝나면 아쉽던 게
20분만 해도 벌써 지쳐
뾰족구두 신은 날은 발이 아프고
높은 산 무서워 오를 엄두 못 내고
푸쉬업 스쿼트 프랭크도 반 토막
있던 근육 더 빠지고 뱃심 없어
이것 저것 엉겁결에
일흔에 받은 선물
반갑지 않네.

비바체

책이 정말 좋아
알아가는 기쁨 정말 좋아
혼자 시험공부 열심히 하네, 새벽 5시
비바체

꼬리 무는 연구, 야근
과제 1 끝고 가다 과제 2 만났는데
종알종알 1학년 등교하네, 아침 7시
비바체

병환 걱정 눈물에
애태우는 이웃 위해
저녁 금식하며 기도하네, 어느새 새벽
비바체

그저 무작정 매일매일
밤새워 달린
비바체
나의 인생.

  * 비바체[Vivace]:이탈리아어로 음악에서 '아주 빠르게' 연주하라는 빠르기 표

꽃으로 살다

작은 꽃으로 20년
부모형제 사랑꽃

아내로 40년
엄마로 50년
사모로 30년
할머니로 7년

교사로 40년
걸스카우트 활동가로 20년
정보통신부 봉사자로 10년
사회복지 봉사자로 6년
수영 영어회화 17년
플루트 댄싱 15년
성경통독 50회째
시쓰기 일기쓰기 평생

평생 꽃
지금도 꽃.

고맙습니다

내 인생 만들어 준
부모 형제
교회선생님, 학교선생님
목사님, 사모님
사랑주시던 잊지 못할 학부모님
그리고 같이 늙어가는 제자들
늦깎이 승진 꽁무니 선 나에게
용기로 격려해 주신 교장선생님
가끔 나를 찾는 정다운 이름들
사랑해주는 친구, 선배님, 아우님
그리고
살기 좋은 나라
우리나라 나의 조국 대한민국
오! 보물섬 나의 두 딸과 아들 손주
모두 모두
고맙습니다
고맙습니다.

세종의 전설

아이고 그렇게 노력하더니
참 잘 했어요

늦었어도 시작하면 된다더니
때가 되니 되잖아요

어차피 노력해도 안 된다고 했던 거
아이고 죄송합니다 미안합니다

저만치 앞선 이도 포기하던데
세상에 기적이네

세종의 별이 떨어졌다 슬펐는데
다시 돌아와 별이 됐네 그려

인생이 신의 작품이라더니
그대가 세종의 전설이여.

애썼어 너

자아실현 욕구 충만하여
현실에 머무르지 않고
늘 도약할 기회를 찾아
주님께 에너지를 받으며
노력하느라 애썼어 너

신실한 믿음으로
가정과 가족을 지키고
달란트 아낌없는 헌신으로
섬겨오느라 애썼어 너

40년 교단에서 우수교사로
학교와 교육청을 빛내며
어린 학생들에게 최선을 다하여
교육계에 공헌하느라 애썼어 너

한 우물을 깊게 파며
좌우로 치우치지 않고
남자도 힘들다는
승진하느라 애썼어 너

인생 이모작
사회복지사 자격을 갖추어
이웃을 향한 봉사정신으로
사회에 덕을 끼치느라 애썼어 너.

대청봉

한계령에서
끝청
중청
턱 끝까지 오른 숨 끌고
좁아진 가슴으로
대청봉
대청봉에
올라
올라
올라보니

온 천지가 내 것
땀은 온데 간데 없고
가슴은 쫘악
역도 선수처럼
설악을 번쩍
온통
벅찬 기쁨만 들고
뿌듯하여 다시 숨막히는
대청봉

그냥 서 있어도 숨막히는
환희
내가 정복한
대청봉.

어린아기

나이들수록 나는
어린아기가 되네
하나님 손이 그립고
하나님 품이 따숩고
기대면 편안하고
업히면 든든하네
송이꿀보다
꿀송이보다
더 달디단
하나님 말씀
더 많이 듣고 보고 먹고싶어
눈뜨면
간 밤 지켜 주신 거 고맙고
눈감으면 하루 동행해 주신 거 감사해
나이들수록 나는
더 어린아기가 되네
주 품에.

자존심

불편해도 뾰족구두 신고
흰 머리 싫어 염색한다
정성들여 화장하고
꼿꼿이 세운 허리
무릎 스치며 걷고
여럿 식사에 먼저 지갑 연다

외출엔 샤넬5 향수로 마무리
아직 기운 있을 때 손주랑 놀아주기
헬스 가서 피티 받고 수영 즐기고
매일 성가대 합창곡 연습한 다음
플루트 불며 영어회화 복습한다

시 수필 쓰며 독서하고
성경 통독에 일기로 접는 하루
잠자리 주님께 감사로 눕고
주님의 뜻 이루시길 바라며
오늘로 인생 마감하듯 눈을 감는다.

목걸이

유년의 구슬
부모형제 품 안
받기만 한 사랑
사랑 구슬

사춘기 구슬
좋은 친구 짝꿍 친구
눈 뜨는 또래사랑
우정 구슬

눈 뜨나 감으나
손에 든 책
공부가 좋아 시가 좋아
책 구슬

보고 또 보고
돌아서면 다시 보고 싶은
연애 구슬

두 딸 낳아 뼈 깎아 키운

강한 여인
엄마 구슬

연구 또 연구
노력 또 노력
승진 구슬

짝 잃은 외로운
실 끊어진 구슬
손주보며 다시 꿰는
할망 구슬.

보문산 시비

최원규 시인 비둘기
임강빈 시인 마을
그리고 박용래 시인 저녁눈
더 오르면
한용운 시인의 꿈이라면

매미 합창 들으며
뜨건 햇빛 온몸으로 받고
오른쪽으로 돌아가면
김관식 시인의 다시 광야에

앞면 기단 너댓 계단 오르면
야윈 북에 다시 광야에
시詩가
북을 두드린다

하늘 향한 연꽃
이글거리는 태양 아래나
매서운 눈보라 속에서도
피고 지며 굳굳하게

시를 지키고
애써 건립하신 분들 이름이
뒤에서 다시 광야에.

한밭수목원 전망대에서

남천 잎 부끄러워 붉어도
철모르는 애기주목 아직 푸른데
억새만 흐느적 흐느적 가을을 탄다
도덕봉이 계룡산 앞에서 잘난 체 하는 걸
물끄러미 바라보는 갑하산 우산봉
내 발자국으로 가득한 산봉우리들
뺑 둘러 대전을 지킨다

과묵한 계족산도
정다운 보문산까지
알아주는 이 없어도 그 자리 떠나지 않고
춘하추동 언제나
겸손히 팔 벌려 대전 감싸는 정情
대전사랑
나보다 더.

【해설】

긍정의 힘으로 세운 아름다운 시 세계
― 주은희 시집 『오늘 새 길』에서

星山 도한호 시인

주은희 시인은 일찍이 1998년에 문학전문지 『문학 21』을 통해 등단한 시인이다. 주 시인은 현재, 대전문인협회와 시문학 회원으로 활동하며 목요문학회에서는 부회장직을 맡고 있다. 주목해야 할 것은, 주 시인이 관련 문학지에 꾸준히 신작 시를 발표하는 열정을 가진 시인이라는 점이다.

『오늘 새 길』은, 첫 시집 『남촌서 부는 바람』에 이은 두 번째 시집으로서, 시인은 70여 편의 신작 시를 음악의 악곡 부호에 따라서 '아주 느리게'를 의미하는 '라르고'부터 안단테, 모데라토, 알레그로와, '빠르게'를 의미하는 비바체로 분류했다. 음악 어휘로 시를 분류한 데는 깊은 뜻이 있겠으나, 단순히 어린 시절에는 세월에 무감각하다가 나이 들면서부터는 빠르게 간다고 느끼는 일반적인 의미로 해석해도 무리가 없을 것 같다. 시와 음악의 조화에 신선한 느낌이 든다.

I. 주은희 시에서 길의 상징적 의미

 주은희 시인의 시집에는 일흔한 개의 옹달샘이 있다. 그 샘에서는 맑은 물이 흘러나와 음악의 골짜기와 시의 꽃밭에 물을 댄다. 그의 꽃밭에는 시인을(나를) 닮은 애기똥풀과 망초꽃이 있고, 그의 시 세계에는 등산길에 멀리서 "주춤주춤 다가오는" 빨갛게 단풍 든 화살나무가 있고, 매사 아주 느리게 대기만성을 이룬 시인처럼, 다른 꽃들이 다 져버린 초겨울까지 남아서 끝내 진홍색 꽃을 피우는 "붉은 장미"도 있다. 그뿐 아니라, 고운 버선발로 태평무를 추는 백목련도 있다. 시를 읽기만 해도 저절로 어깨가 들썩이는 백목련의 흥겨운 춤사위부터 감상하는 것이 어떨까.

 덩더쿵/ 쿵 더러러러
 자진모리
 한껏 추임새로/ 화사한 몸짓
 백목련의 태평무.
 　　　　　　　　―「백목련」 부분

 '라르고' 장단에 따라 한 걸음씩 한 걸음씩 천천히 나가는 시인의 길에는, 시인이 안고 가야 할, 사랑하지만 때로는 무겁기도 한 가족과 가르쳐야 할 귀여운 학생들이 있다. 그러나 시인에게는 무거움은 감사요, 크든 작든 가족은 기쁨이었다. 시인의 문학과 삶에는 감사와 찬양이 있을 뿐, 걱정 근심은 한 조각도 보이지 않는다.

시인의 길에는, "사알짝 스쳐 가는 수줍은 바람"이 있고, "이불 같은 햇살"과 "저만치 찾아오는 가을이" 있고, 피로해서 잠시 앉아 쉬고 싶을 때 소리쳐 깨워주는 장끼 친구도 있다. 그래서 시인은 힘들지만 외롭지 않게 험한 산길을 오르고 또 올라 장엄한 소백산 정상, "아득했던 비로봉"에 까지 이른다. 시인은 자신의 여정을 이렇게 노래한다.

하늘 맑고 높구나
돌 틈 사이 여린 풀도 사랑스러워
살짝 스쳐 가는 수줍은 바람
다정도 해라
머리 어깨 무릎 발
이불 같은 햇살
—「라르고」부분

시인은 높고 맑은 하늘 아래서 스쳐 가는 미풍을 가르며 이불 같은 햇살을 이고 가벼운 마음으로 산을 오르지만, 그의 산행(山行)은 쉬운 길이 아니었다. 시인이 가는 길은, 낯선 길, 외로운 길, 무거운 배낭을 메고 가는 힘든 길, 그리고 나침반도 없이 떠난 지향 없는 길이었다. 시인의 산행은 그의 삶과 같이 힘들고 피곤했지만, 시인은 모든 난관을 투지와 기쁨으로 극복하다.

어찌 보면, 그의 산행은 그의 삶의 이야기와 똑같다. 제2부 〈안단테〉에 수록된 시 「길Ⅱ」에서 이렇게 고백한다.

동행도 없이 가는 길
외롭진 않았나요?
홀로
모르는 길
가보지 못한 길
낯설진 않았나요?

20kg 배낭 메고
단독종주는 했지만

그 길
지도도 없이
나침반도 없이
　　　　　－「길Ⅱ」 부분

　시인은 넘어야 할 언덕 다 넘고, 올라야 할 산 다 오르고, 품어야 할 사람 다 품고, 그러고도 누에가 몸을 헐어 명주실을 뽑듯이 젊음까지 다 주고도 우뚝 선 용사이다. 그런데도 시인은 자신을 가리켜, 너무 작아서 볼품 없는 "애기똥풀"이라 하는가 하면, 색깔도 없이 길가에 흐드러지게 핀 그저 하얀 망초꽃이라고 했다. 아래에 「애기똥풀」과 「망초꽃」 몇 행을 인용하였다.

　엄마 손/ 안고 쓰다듬어
　닳도록 크는 꽃

커도/ 커도
일혼 고개 넘어도
그 이름
애기똥풀
나
    ―「애기똥풀」 부분

난 붉지도 않아
곱지도 않아
크지도 않아
절로/ 작고
하얀 웃음뿐

그저/ 작고
하얀 웃음뿐
   ―「망초꽃」 부분

 시인은 자신을, 길가 한 편에 있는 듯 없는 듯 피어 있는 애기똥풀이며, 붉지도 못하고 크지도 못하고, 길가에 태어나서 하얀 웃음뿐인 망초꽃이라고 했다. 그러나 그 작고 보잘 것 없다고 한 풀꽃 같은 그 시인이, 홀로 '백두 대간'을 정복하고 여세를 몰아 그보다 더 높고 견고한 '인생 대간'에 돌진힌다.
 시인의 생애는 분주하다, 시인은 한평생 교단에서 학생을 가르치고, 은퇴할 무렵에는 교직의 왕관이듯 교장의 자리에 오르며, 목사요 목사의 아내(사모)로서 목양에 헌신하고, 부군이 떠난 다음에는 사회복지사 자격을 취득해서 봉사하고, 대흥침례교회 중심 성가대장으로 사역하며, 〈목요문학회〉에서는 부회장을 맡고 있다. 이 시집의 첫 시, 「길 I」은 시인의 치열한 삶의 현장을 이렇게 말한다.

> 머리에는 남편을 이고
> 큰딸 작은딸 두 어깨에 메고
> 좁은 등엔 내 반 아이들 지고
> 가슴엔 내 어머니 담고
> 맨발로 휘청이며 걸어온 길
>
> 지치지도 않았다
> 겁나지도 않았다
> 　　　　　　　―「길 1」 부분

시인의 인생길은, 「길 I」에 적힌 무거운 짐을 지고, 「길 II」가 말하는 외롭고 힘든 노정을 뚜벅뚜벅 걸어서 「애썼어 너」에 이른다. 시인은 마라톤 코스 같은 인생길을 달려서 마침내 우승의 면류관을 쓴다. 「애썼어 너」는, 시인이 자신을 객관화해서 자신의 삶을 되돌아보면서 분투해서 성취한 것을 격려하고 칭찬해주는 시이다. 다음 주제로 넘어가기 전에, 이 시를 부분 인용하는 바이다.

> 자아실현 욕구 충만하여

현실에 머무르지 않고
늘 도약할 기회를 찾아
주님께 에너지를 받으며
노력하느라 애썼어 너

신실한 믿음으로
가정과 가족을 지키고
달란트 아낌없는 헌신으로
섬겨오느라 애썼어 너

40년 교단에서 우수교사로
학교와 교육청을 빛내며
어린 학생들에게 최선을 다하여
교육계에 공헌하느라 애썼어 너
—「애썼어 너」 1~3연

II. 주은희 시의 긍정의 힘

시인은 여전히 길에 있다. 그 사이, 독자가 그의 시에서 주목해야 할 두 번째 주제는 시인이 매사에 뒤돌아보지 않고 앞으로 앞으로 돌진하는 용기와 자신감이다. 그의 시 「지금처럼」은 가을을 예고하는 찬 바람이 불 때, 플라타너스 잎새들의 속삭임을 받아 적은 것이다.

내둘러 찬 바람 불면

우리 헤어져야 해
앞으로만 가는거야
되돌아 다시 갈 순 없지
〈중략〉
웃고 떠날 준비를 하자
뒤돌아보지 않을 준비를 하자
슬퍼하지 마
우리 가는 길
가던대로 지금처럼 가는거야
당당하게
―「지금처럼」 부분

 시인은, 자신을, 떨어지는 플라타너스 잎새에 비유했다. 그래서, 시인은 자신에게, '떨어지면서도' 뒤돌아보지 말고, 슬퍼하지도 말고, 지금처럼 평생 걸어왔던 그 자세로 당당하게 가야 한다고 말하는 것이다. 이와 같은 용기와 힘의 근원은 무엇일까? 그것은 아마 시인이 가진 긍정적 사고방식과 하나님을 의지하는 믿음일 것이다.
 그런데, 시인은, 갑자기 오늘부터는 새 길을 가야 한다고 말한다. 지금까지 시인이 걸어온 길도 '매일 새 길'이었는데, 시인이 말하는 새 길은 무엇인가? 해설자는, 시인의 새 길은 다른 길이 아니라, 지금까지 걸어온 길을 더 낮은 자세, 더 철저한 순종으로 가겠다는 결의라고 해석한다. 이 시집의 제목이기도 한 「오늘 새 길」은, 시인이 전에 잡고 가던 든든한 남편의 손을 놓고, 혼자 팔을 휘저으며 가겠다고 말한다. 시인의 시에는 자랑처럼 힘과 자신감이 보인다.

>길은 이미 있다
>손잡고 가다가
>당당히 휘저어 가다
>가슴으로 걷는
>오늘 새 길
>
>영혼으로 걷는
>오늘 새 길, 오늘 새 길
>―「오늘 새 길」 부분

제2부, 〈안단테〉 편의 「장마」는, 지금까지 시인이 보여준 당당함과 자신감과는 달리, 시인이 세차게 내리는 장맛비를 하늘나라로 떠난 부군을 생각하며 흘리는 자신의 눈물이라고 고백한다. 시인은, 곧 비통한 마음을 감추고, "그래도 그대, 난 잘 지내요"하고 천국에 있는 고인에게 안심 안부를 보낸다. '그래도'는 잘 지낼 여건이 못되지만 잘 지낸다는 의미일 것이다. 몇 행을 인용한다.

>울지마요 그대
>생각보다 나는 잘 지내요
>사소한 일상에서도
>가끔 그대 떠오를 때면
>눈물이 장맛비처럼 쏟아지지만

그래도 그대
난 잘 지내요
　　　―「장마」부분

　제3부와 4부는 대부분 어머니로서, 할머니로서, 그리고 선생으로서 해야 할 역할과 경험에 관해 쓴 시이다. 그중, 제4부, 첫 번째 시「끄덕 끄덕」은 할머니와 손녀 예나와의 대화를 쓴 시로써, 손녀의 물음에 할머니가 대답하자, 예나가 알았다며 고개를 '끄덕 끄덕' 하는 정겨운 장면을 그린 시이다. 이 시, 몇 행을 인용한다.

나도 예나처럼
어리고 이쁜 딸이었거든
그런데/ 예나처럼 학교 다니고
또 학교 다니고
일하고/ 결혼하고/ 돈 벌고
엄마가 되고/ 딸을 낳고/ 하니
할머니가 되었단다
끄덕끄덕
나도 할머니가 될 줄 몰랐어, 예나야
끄덕끄덕
　　　―「끄덕 끄덕」부분

　제5부, 〈비바체〉에 수록된「목걸이」,「자존심」,「애썼어너」는 주은희 시의 긍정의 힘의 출처를 보여준다.「목걸이」

는 목걸이에 꿰인 구슬 하나하나를 보석 같이 귀한 추억 속의 친구와 사랑으로 그렸고,「자존심」은 삶의 여정 속에서 약함과 부족함을 극복하고 밝음을 향해 걸어왔다는 긍정적 이야기이다.「애썼어, 너」는 조금 전에 검토한 바와 같이, 고난의 인생길을 걸으면서도 삶에서 성취한 것들에 대한 자긍심과 감사를 읊은 신앙고백 같은 시이다.

맺는말

해설을 마무리하면서 주은희 시의 특징을 다음의 세 가지로 요약하고자 한다.

첫째로, 주은희의 시는 간명하다. 정확한 어휘 선택과 간단명료한 진술이 그의 시를 빛내 준다. 짧게 쓴다고 해서 좋은 시라는 의미가 아니라, 시인이 말하고자 하는 이야기가 잘 요약되어 있어서 이해하기 좋다는 말이다. 또한, 서사시라든가 특별한 형태의 시가 아닌 한 간명한 것이 시의 본질적 형식일 것이다.

둘째로, 많은 시인이 유년기에 겪은 가난이나 뒤틀린 가족사에 많은 지면을 할애하면서 독자의 마음에, 공감 여부를 떠나서, 측은지심을 주는 데 반해, 주은희의 시는 한 생애를 살면서 겪은 시련을 단번에 극복한 듯 자신이 성취한 것들에 대한 만족감과 기쁨으로 가득 차 있다. 주은희는 슬픔과 불안과 좌절감을 기쁨과 평안과 성취감으로 바꾸어버렸다는 말이다.

셋째로, 주은희의 시에는, 탄식, 원망, 후회 따위가 없고, 대신 충실한 교육자와 헌신적인 주부, 그리고 기쁨으로 봉사하는 선택받은 여종의 모습이 보인다.

시는 장르에 따라 다양한 형식으로 나타나는 것이므로 짧게 쓴다고 해서 반드시 좋은 것이 아니며, 비탄과 슬픔을 토로하는 시가 다 나쁜 시라는 말도 아니며, 회한(悔恨)과 갈등을 써서는 안 된다는 말이 아니라, 주은희의 시가 그쪽으로 치우치지 않고 밝음과 긍정의 힘을 보여주어서 좋다는 말이다.

『오늘 새 길』, 긍정의 힘 위에 세운 아름다운 시의 집. 인내와 성실로 살아온 시인의 생애가 고스란히 담긴 이 시집을 통해 독자의 마음에도 긍정의 힘이 심어지기 바라며 붓을 놓는다. 〈城山〉

이든시인선 122

오늘 새 길

ⓒ 주은희, 2023

발행일	2023년 9월 15일
지은이	주은희
발행인	이영옥
편집인	송은주
펴 낸 곳	도서출판 이든북
출판등록	제2001-000003호
주 소	대전광역시 동구 중앙로 193번길 73
전화번호	(042)222-2536 ｜ 팩스(042)222-2530
전자우편	eden-book@daum.net
카 페	https://cafe.daum.net/eden-book
공 급 처	한국출판협동조합
	전화 (02)716-5616 (031)944-8234~6

ISBN 979-11-6701-253-1 (03810)
값 10,000원

* 이 책의 판권은 지은이와 이든북에 있습니다.
* 이 책 내용의 전부 또는 일부를 재사용하려면 반드시
  양측에 서면 동의를 받아야 합니다.